DES
JOURNALISTES
ET
DES JOURNAUX.

Je critiquai sans esprit et sans choix,
. . . .
Et je mentis, pour dix écus par mois.
(VOLTAIRE.)

PARIS,

CHAUMEROT, JEUNE, LIBRAIRE,
Palais Royal, Galeries de Bois, n° 188.

1817.

DES JOURNALISTES

ET DES JOURNAUX.

✦✦✦✦✦✦✦✦✦✦✦✦✦✦✦✦✦✦✦✦✦✦✦✦✦✦✦✦✦✦✦✦✦

LETTRE A UN PROVINCIAL.

Paris, juin 1817.

Je sais, mon cher ami, que vous faites grand cas des journaux ; les lire est un de vos plus doux passe-temps, et chaque jour de courrier est pour vous un jour de fête. Un Parisien qui n'a jamais fait d'autre voyage que celui de Saint-Cloud par mer ou par terre, concevra difficilement quelle ineffable félicité un bon habitant de la province, qui fit jadis son droit, et je crois même son stage à Paris, peut trouver à décrire sur le sable avec le bout de sa canne, en présence d'un cercle choisi de compatriotes, qui n'ont jamais perdu de vue le foyer paternel, la topographie de tel coin du Marais ou de tel carrefour du pays latin que le journal annonce avoir été le théâtre de quelque accident tragique ou burlesque. Les jours de *Te Deum* à Notre-Dame ou de Séance d'ouverture au Corps législatif, vous conduisez vos amis,

1

comme par la main, le long de ces vastes quais, dont ils ne se tireraient jamais sans vous ; ce sont là de ces bonnes fortunes qui ne vous arrivent guères qu'une paire de fois l'année, mais dont vous savez si bien profiter, pour intéresser votre société, que je me rappèle d'avoir vu bondir et trépigner de joie et d'impatience un jeune écolier d'humanités, à qui ses parents ont promis de l'envoyer faire sa *philosophie* à Paris. Par les journaux vous êtes informé très exactement, le 7 ou le 8 de juin, de la hauteur que marquait le thermomètre de Chevalier le 1er dudit mois ; vous apprenez le samedi que M. l'abbé F*** doit prêcher à Saint-Sulpice le dimanche précédent ; le soir du même jour, sur la foi d'un feuilleton trop souvent mensonger, vous vous transportez en esprit, à la *queue* des Français, pour aller voir jouer Talma ou mademoiselle Mars ; tandis que trois jours après, un nouveau feuilleton vous transmet la tardive nouvelle d'une *indisposition grave*, cause funeste du plus cruel désappointement. Pour peu qu'il tonne, qu'il pleuve, qu'il grêle ; pour peu que le vent détache quelque brinborion de plâtre dans une cheminée, ou que les eaux de la Seine haussent de quelques lignes, votre journal vous en tient exactement informé, et vous qui connaissez les localités, vous attachez un très-grand prix à ces petits détails, qui pourraient paraître niais à l'homme superficiel. — Une femme s'est jetée dans la rivière du haut du pont Louis XVI, on n'est parvenu à l'en retirer qu'au bout de quelques heures. — Un cabriolet a renversé un piéton au coin de la rue de Richelieu et de la rue Saint-Honoré, et le conducteur s'est sauvé à toute course. — On a arrêté, dans le jardin du Palais-Royal, un filou qui ne volait pas assez adroitement la montre d'un nouveau débarqué. — Hier on a passé en revue, sur la place du carrousel, tels régiments de la garde royale et tels régiments suisses; les troupes ont ensuite défilé, cavalerie, artillerie, infanterie, dans la plus belle tenue; les Princes leur en ont témoigné leur contentement, un temps superbe a favorisé cette revue. Voilà de ces articles qui reparaissent au moins une fois la semaine, dans chaque journal, et qui n'en conservent pas moins le mérite d'une éternelle nouveauté. Heureusement pour vous que les voleurs de la province ne lisent pas les journaux de la capitale, car ils y trouveraient des documents très-précieux, dans le compte exact et assidu qu'on y rend

des démêlés de leurs confrères de Paris avec
les cours d'assises et les tribunaux correction-
nels. Si, de ces menus détails, nous nous éle-
vons à la politique, je conviens avec vous qu'il
est très-agréable de trouver dans les journaux,
au-dessous de la rubrique *Paris*, un article où
l'on traite *ex professo*, quoique souvent d'une
manière un peu entortillée, de ce que l'on doit
penser du dernier évènement politique. Par une
modestie admirable, ces articles sont ordinairement sans signature, ce qui est un motif de
plus pour gagner la confiance des lecteurs.
Toutefois les rédacteurs de journaux m'ont assuré souvent que, si contre toute apparence
j'avais remarqué quelque sottise dans lesdits
articles, ce n'était ni eux ni leurs collaborateurs
qu'il en fallait accuser. Quant à la littérature,
j'apprends avec peine, par votre dernière lettre,
que depuis qu'on reçoit dans votre petite ville
trois journaux différents, qui tous trois ont
exprimé des opinions opposées sur *Germanicus* et sur les *éditions compactes*, on s'a-
vise de secouer le joug de leurs décisions, en
s'autorisant alternativement de l'autorité de
l'un contre celle de l'autre. J'ai communiqué
ce fait à l'un des rédacteurs de la *Quotidienne*,
lequel m'a assuré que c'était encore là un résul-

tat des principes philosophiques et révolution-
naires. Quoi qu'il en soit, voilà assurément
bien des motifs pour justifier l'extrême importance que vous mettez à recevoir exactement
votre journal, et le désir que vous me témoi-
gnez de connaître un peu l'esprit et le genre
de ceux qui paraissent actuellement à Paris.
Je vais tâcher de vous satisfaire, et je vous
autorise même à communiquer ma lettre à la
Société littéraire de *votre endrot*, qui s'occupe, à ce que j'apprends, de refondre et de
continuer les ouvrages de Delisle de Salles et
de Camusat, sur l'histoire des journaux.

Le premier journal dont je dois vous entretenir, soit à cause de son ampleur, soit à cause
de son caractère officiel, est, sans contredit,
le *Moniteur universel*. Ce journal, le seul que
son format et le nombre de ses colonnes assi-
mile aux grands journaux anglais, est le réper-
toire le plus vaste et le plus complet de l'histoire de notre révolution. Né à peu près en
même temps qu'elle, il n'a jamais été ni dis-
continué ni suspendu, par la raison toute sim-
ple qu'il est successivement devenu la pro-
priété et l'arme du plus fort. Là sont enseve-
lies mille horreurs et mille extravagances que
la malignité sait bien y déterrer. A côté du

discours éloquent de Vergniaux se trouve pla-
cée la harangue hypocrite de Robespierre ; et
quelques pages après le testament de Louis XVI,
on rencontre *les carmagnoles* indécentes de
Barrère ; plus tard les notes furibondes de Buonaparte, et ses bulletins fanfarons et menson-
gers y vièuent répandre une triste uniformité.
Nous pourrions même y découvrir, dans un
coin, quelque *sans-culotide* pindarique de
votre préfet, naguères plus royaliste que le
roi ; et pour peu que votre adjoint continue à
jouer le rôle d'exagéré, je m'engage à vous
faire passer le numéro qui contient l'adresse
de la société populaire de votre petite ville à
la Convention nationale, datée du décadi 30
pluviose an II de la république française, *une,*
indivisible et *impérissable*, contresignée par
votre bonhomme d'adjoint, qui, affublé du
nom de *Junius*, en était alors le secrétaire.
L'histoire du *Moniteur* a fourni à un de mes
amis, grand observateur des petites choses,
le sujet de deux remarques qu'il veut que je
vous communique. A l'époque où Bonaparte
faisait effacer des codes les noms de *nation* et
de *national*, pour les remplacer par ceux
d'*Empire* et d'*Impérial ;* à l'époque où il rem-
plaçait, au revers des pièces de monnaies, les

mots de *République française* par ceux d'*Empire français*, c'est-à-dire en un mot, vers la fin de 1808 et le commencement de 1809, le *Moniteur* perdit aussi son second titre de *Gazette nationale*, et un avis conçu en ces termes : *A dater du...... nivôse an* VIII, *ce journal est le seul officiel*, fut remplacé par celui-ci : *Ce journal est le seul officiel*; petites circonstances d'où mon ami, qui est vraiment un drôle de corps, prétend conclure que Buonaparte était un *ultrà-royaliste.* Pendant les dix mois de la première restauration, on avait tellement jasé sur la véracité de cet innocent *Moniteur*, qu'à l'époque des cent jours, le gouvernement d'alors prit le parti de lui ôter son caractère officiel, apparemment pour s'y donner ses coudées franches, et pouvoir y mentir tout à son aise; cependant il n'en abusa pas autant qu'on s'y serait attendu, ce qui valut sans doute au *Moniteur* d'être réintégré à l'époque de la seconde rentrée du Roi, dans tous ses droits et honneurs. Malheureusement cela ne dura que quelques jours, et bientôt une feuille in-4°, sous le titre de *Gazette officielle*, vint usurper une prérogative que vingt-cinq ans de tranquille possession semblaient devoir assurer au *Moniteur.* Mais dans peu, cette Gazette éphémère vit terminer son existence par une de ces inventions sublimes du génie de la politique, que je regarde comme le chef-d'œuvre du genre. Le *Moniteur* fut divisé en deux parties, *partie officielle* et *partie non officielle* : ces deux parties sont séparées par une ligne ostensible qui ne permet pas de les confondre. On vous garantit la véracité de tout ce qui est au-dessus de la ligne ; quant à ce qui est au-dessous, il peut s'y trouver quelques erreurs, même quelques innocents mensonges ; tant pis pour vous, si vous les GOBEZ ; ce n'est pas du moins faute d'avoir été prévenu. C'est dans ce dernier état que le *Moniteur* a été définitivement constitué, et qu'il poursuit actuellement sa pénible carrière. Sera-ce sa dernière épreuve ? je l'ignore : tout ici-bas est sujet au changement, et j'ai vu le moment où ce vieux serviteur allait être supprimé comme un abus. M. Fiévée, entr'autres, s'est déclaré ouvertement contre lui ; je ne sais s'il lui garde rancune, à cause de certains drames philosophiques, de certaines brochures *despotico-militaires*, de certaines phrases d'un certain préfet de la Nièvre, et maître des requêtes au conseil d'état de Buonaparte, dont il est fait mention dans ladite feuille, sous le nom d'un M. Fiévée. L'auteur de la *Corres-pondance politique et administrative* devrait néanmoins s'appaiser en songeant que tout le monde sait que ce M. Fiévée-là et lui, sont deux personnages bien distincts. Quant à l'esprit (1) qui préside à la rédaction du *Moniteur*, je me ferai un plaisir de vous dire que c'est celui d'une modération parfaite ; un sentiment de dignité est empreint dans toutes ses lignes : on ne s'y abaisse jamais jusqu'à la plaisanterie ou jusqu'à l'épigramme ; ce qui est cause peut-être qu'on se montre peu curieux de découvrir les noms qui s'y cachent successivement sous les différentes lettres de l'alphabet. Du reste, on y est fort exact à donner les nouvelles de Paris le lendemain des autres journaux, ce qui est conforme à l'avis du sage qui nous recommande de remuer la langue sept fois avant que de parler, et l'on y publie en caractères très-menus, et en colonnes très-serrées, les débats du parlement d'Angleterre, un mois, jour pour jour après la tenue des séances ; ce qui fait qu'ils ont repris déjà l'attrait de la nouveauté pour les lecteurs oublieurs et étourdis. Au

---

(1) *Esprit* n'est pas le mot propre, car il n'y en a point dans ce journal.

reste, on a bien soin de retrancher dans les extraits des journaux anglais, tout ce qui pourrait piquer la curiosité des partis, attendu que nos journaux ont déclaré qu'il n'y avait plus de partis en France.

Après le *Moniteur*, il est naturel de passer au *journal des Débats*, puisqu'il fut un temps, et ce temps n'est pas bien éloigné, où l'on pouvait le considérer comme *semi - officiel*. Le *Journal des Débats* naquit avec l'assemblée constituante ; c'était alors un cahier in-8° qui rendait compte en détail et uniquement des discussions de l'assemblée ; il suivit modestement la carrière que lui prescrivait son titre, jusque vers le commencement de ce siècle, qu'une nouvelle ère commença aussi pour lui. Le premier Consul, qui venait de s'emparer du pouvoir, conçut l'idée de faire de ce journal une arme puissante destinée à saper les principes et les institutions démocratiques, et à élever sur leurs débris les matériaux de son trône, et il réussit au-delà de ses espérances. Un homme se *rencontra* que la nature avait doué d'un esprit fin et d'une vaste mémoire ; disciple des enfants de Loyola, il avait appris à leur école, avec les langues anciennes et les saines doctrines littéraires, cet art de réussir et de par-

venir à ses fins , que personne ne posséda mieux
et ne pratiqua avec plus de persévérance que
la défunte société. Cet homme était Geoffroy.
Lorsque la révolution survint, il n'avait encore
fait que quelques pas peu brillants dans la carrière qui devait un jour l'illustrer ; il faut remarquer néanmoins que c'était principalement
dans l'*Année littéraire*, journal connu par son
opposition aux principes de la nouvelle philosophie, et par la haine vigoureuse dont son fondateur poursuivit toujours le patriarche de Fer-
ney: Geoffroy passa tout le temps de nos orages
politiques dans les fonctions d'instituteur pri-
maire d'un village aux environs de Paris, qui
lui furent confiées, après un examen que lui
firent subir les capables du lieu ; c'est de là qu'il
fut tiré, je ne sais par quel hasard, pour être
mis au nombre des rédacteurs du journal nou-
vellement organisé. Il avait été précepteur chez
M. Boutin, et y avait contracté un grand goût
pour le théâtre, dont une longue fréquentation
lui avait acquis par suite une grande connaissance. Il se chargea donc de cette partie, et
pour cela, il inventa le *feuilleton* ; ce n'est pas
à vous, vieux lecteur de journaux, qu'il est
nécessaire d'expliquer ce que c'est qu'un feuilleton ; à vous, qui avez lu assidûment à peu

près tous ceux de Geoffroy. Il me suffira de vous faire observer que c'est à lui que nous devons cette ingénieuse invention , puisque c'est lui qui en institua l'usage quotidien , qui l'établit pour ainsi dire en principe, et lui acquit une célébrité qui l'a fait admettre successivement dans presque toutes les feuilles périodiques. Ainsi donc retranché dans son feuilleton, le redoutable critique faisait, à propos de théâtre et de littérature, comparaître à son tribunal tous les principes politiques et philosophiques , les discutait avec force et avec agrément , et ne manquait jamais de les résoudre en faveur du pouvoir absolu et des vieilles institutions que Buonaparte rétablissait chaque jour. Mais peut-être , direz-vous, vous faites là l'histoire de Geoffroy, tandis que vous m'aviez promise celle du *Journal des Débats ?* c'est qu'en effet , toute l'histoire de ce journal est comprise dans celle de celui qui, pendant treize ans, en fut l'âme et le principal soutien ; pendant tout ce temps , il n'était guère question dans les journaux et dans les discussions politiques , que de Buonaparte et de l'abbé Geoffroy ; le bulletin et le feuilleton marchaient d'un pas égal ; c'était à Geoffroy que la plupart des habitants des provinces attribuaient tous les articles non signés en toute lettres, qui paraissaient dans le *Journal des Débats* ; un voyageur m'a même assuré les avoir lus dans les Indes orientales, où ils faisaient beaucoup de bruit; et pour ma part je puis vous certifier qu'à l'époque du premier jour de l'an 1811, me trouvant dans une ville de province, à près de deux cents lieues de Paris, je fis cadeau à un de mes petits-neveux, âgé de huit ans, d'un abbé Geoffroy en sucre, que l'enfant croquait tout en débitant quelques vers de la Henriade, que son précepteur lui faisait alors apprendre ; rapprochement authentique, mais qui pourra paraître singulier à ceux qui se rappèleront avec quel acharnement ridicule *le père des feuilletons* insultait, trois fois la semaine, au talent et à la gloire de Voltaire. Au reste, il faut moins s'étonner d'un succès que Buonaparte secondait de toute la force de sa puissance, et de tous les moyens de séduction dont il pouvait disposer, et qu'on lui payait largement en éloges et en flatteries. Quoi qu'il en soit, le *Journal des Débats* devint le centre d'une faction littéraire, rivale et ennemie de celle que l'on a appelée *philosophique*, et il conserve encore aujourd'hui l'esprit de son fondateur. A l'époque de sa plus grande gloire, il compta environ vingt mille abonnés ; l'avénement de tant de rivaux qui lui sont survenus depuis la restauration , a dû nécessairement diminuer ce nombre ; mais il est certain cependant qu'il est encore le plus répandu de tous les journaux ; et il faut convenir, pour être juste, qu'il sait se rendre digne de ces nombreux suffrages , autant par le soin qu'on apporte à sa rédaction, que par les talents des écrivains qui lui consacrent leur plume. Il est impossible d'être plus exact à donner fraîchement les nouvelles , d'être plus réservé à ne pas en hasarder de fausses ou de douteuses ; en un mot, moi qui, comme vous le savez, ne partage ni son esprit ni ses principes , je vous avouerai que le *Journal des Débats* m'est aussi indispensable le matin que ma tasse de chocolat ; et que je ne crois pas avoir lu ma gazette tant que je n'ai pas parcouru avec quelque attention les colonnes de cette feuille ; ce n'est pas, Dieu merci, comme jadis , pour y chercher le feuilleton du théâtre , car c'est aujourd'hui incontestablement la partie la moins piquante de ce journal. A qui donc s'est-on avisé de livrer le trône glorieux de Geoffroy ? C'est à un certain M. C., qu'on appèle dans le monde M. Duvicquet. Ah ! M. Duvicquet, abdiquez , je vous en conjure au nom de tous les lecteurs du *Journal des Débats* ; sans doute votre prédécesseur avait rendu le poste que vous occupez difficile à remplir ; mais nul n'y pouvait apporter moins que vous les qualités nécessaires. Je ne vous conteste pas d'écrire passablement, et d'avoir même quelque connaissance de la littérature du théâtre, ce que bien des gens ne vous accorderaient pas aussi facilement que moi ; mais votre prose ressemble à tout ce qu'on a vu partout, et vous savez que

Il nous faut du nouveau, n'en fût-il plus au monde.

Or, il ne suffit pour cela d'avoir surpassé MM. Martainville et Malte-Brun en partialité et en injustice dans votre jugement sur *Germanicus*, cela est fort sans doute, mais cela n'est pas nouveau : il faudrait encore de la variété, de l'enjouement, et surtout de la légèreté, qualités que la nature vous a refusées, et que vous feriez de vains efforts pour atteindre. On voit que je suis franc de mon naturel, et assez bon diable dans le fond. Ainsi, par exemple, je me garderai bien de former le vœu qu'on ôte le département des ouvrages politiques à M. Fiévée (lequel n'est pas du tout caché sous les lettres T. L.), car, comme il l'a dit avec beaucoup de justesse, il y a toujours quelque chose a apprendre avec celui qui a administré; or, on sait que M. Fiévée a administré, et au cas qu'on fût tenté de l'oublier, il a soin de le remémorer dans chacun de ses articles. Sans doute cet écrivain est sophiste et paradoxal; il est doué, en outre, d'une large dose d'amour-propre qui le porte continuellement à se mettre en scène et à accumuler d'avance dans ses feuilletons les matériaux pour l'histoire de sa vie; mais ce tic-là même contribue à le rendre fort divertissant; il a d'ailleurs de l'originalité dans les idées, et quelquefois dans les expressions; son style a de la couleur; enfin, c'est un écrivain de l'opposition, et par conséquent un homme précieux pour un journal.

Il est difficile de posséder à un plus haut degré que M. H. (Hoffmann) le talent d'écrire avec amabilité, joint à de plus vastes connaissances. Quand M. Hoffmann ne serait pas un poète agréable, un élégant prosateur, il serait encore un profond érudit. Toutes les fois qu'il a trouvé l'occasion de faire quelques excursions sur les domaines de la philosophie ou de la politique, il a été facile

de s'apercevoir qu'il avait sur ces matières
des idées saines. Ses articles sont fréquents,
d'une étendue et d'une importance considé-
rable, ce qui prouve qu'il les produit avec
autant de facilité qu'un autre en produirait
de médiocres ou de mauvais ; en un mot,
M. Hoffmann est un homme bien supérieur au
métier de journaliste qu'il exerce.

Je connais quelqu'un qui, chaque fois qu'il
rencontre dans le *Journal des Débats* un article louangeur signé A., prétend sentir le
fumet des truffes de Périgord. J'ignore ce qu'il
peut y avoir de vrai dans cette observation ;
tout ce que je puis assurer, c'est que l'article alors est de M. de Féletz. Quoiqu'encore
dans la vigueur de l'âge, M. de Féletz est
un des vieux athlètes de la critique. Protégé
par les nobles, il les protège à son tour; car
c'est entr'eux de puissance à puissance; on
lui a fait une réputation de méchanceté, qu'à
mon avis il ne mérite pas (1). Il a de l'amour-
propre. Eh mais ! cela n'est-il pas tout naturel, surtout dans les fonctions qu'il rem-

____

(1) M. de Féletz vient d'obtenir les honneurs du
pamphlet, et c'est à M. Azaïs qu'il doit cette bonne
fortune; j'en félicite bien sincèrement le critique.

plit? M. de Féletz écrit corréctement, il a de la littérature; mais il manque de verve et d'originalité.

M. Dussáult est plus classique que M. de Féletz (classique de journal s'entend), je veux dire que le dernier est homme du monde en écrivant, tandis que l'autre est un peu professeur ; mais un esprit solide saura toujours apprécier les articles de M. Dussault, comme ayant beaucoup de fonds, et comme étant remplis de choses. Depuis quelque temps on s'aperçoit qu'il cherche à faire l'aimable et qu'il vise à l'enjouement, mais je crois qu'il ferait mieux de s'en tenir à sa gravité accoutumée. Je lui connais encore un petit travers, dont je veux vous faire confidence. Parce qu'il s'avisa un jour d'avancer et de développer dans plusieurs articles, d'une mortelle longueur, que les ouvrages des hommes de génie n'étaient pas susceptibles d'être traduits, ce que tout le monde savait de reste, et qu'on avait dit mille fois avant lui, il se crut tout à coup devenu chef de secte et fondateur d'une nouvelle école. Effrayé du paradoxe qu'il venait d'avancer, il appela à son aide, pour le soutenir et le défendre, toutes les armes que purent lui fournir la lo-

-gique et la rhétorique, et depuis il n'a jamais manqué aucune occasion de justifier sa prétendue hardiesse ; le malheur est qu'il ne s'est présenté personne pour le combattre, ce qui a rendu cette scène un peu semblable à celle de don Quichotte combattant contre les moulins à vent. Au reste, on peut être honnête homme et avoir de ces lubies-là : M. Dussault en est la preuve. Il fut le collaborateur de Fréron fils dans la rédaction de l'*Orateur du Peuple* ; ce que je ne dis pas pour lui faire tort, puisqu'il y défendit toujours les principes d'ordre et de modération, mais seulement pour remarquer que toute sa réputation gît dans des feuilles éphémères. On promet cependant de lui un *Supplément* ou *Continuation du Cours de littérature de Laharpe*.

M. Charles Nodier n'est pas du tout content du train dont va le monde ; il n'est pas de ceux qui nient le progrès des lumières, au contraire, il ne le voit que trop, et c'est ce dont il enrage ; cette vue le jette dans une noire misanthropie ; et dans un de ses excès, il nous a menacés de se déporter lui-même au Sénégal : heureusement qu'il se donne le temps de la réflexion avant d'exécuter ce sinistre dessein, et il est permis d'espérer que le *Journal des*

Débats conservera, au nombre de ses rédacteurs, un homme vraiment érudit.

Je ne vous parlerai pas de M. Aimé-Martin, qui, depuis long-temps, prive le *Journal des Débats* de sa prose vaporeuse et romantique; je le laisse mettre en madrigaux galants les sulfates et les oxides, et je passe de suite à M. Boutard, qui rédige avec tant de hauteur et de suffisance le feuilleton des beaux arts. — Vois-tu cette fontaine, si agréable et si commode pour les habitants de notre petite ville? eh bien! si cela était en mon pouvoir, je la ferais détruire, uniquement parce qu'elle a été construite dans la révolution. — C'est un de mes frères qui, au retour de l'émigration, m'a tenu ce propos. Quelqu'extravagant qu'il paraisse, il ne l'est pas cependant davantage que ne le sont la plupart des articles de M. Boutard, sur les travaux exécutés depuis vingt-cinq ans. M. Boutard a un art admirable pour dénigrer tout ce qui a été fait de bon et de beau en fait d'arts durant le cours de la révolution; avec l'ouvrage, il attaque souvent l'ouvrier, et il est rare qu'il loue l'homme actuellement en fonctions, sans blâmer amèrement son prédécesseur. Quand on est sujet à un pareil défaut, on devrait évi-

ter soigneusement les occasions de s'y livrer ;
loin de-là, M. Boutard ne sait point parler
d'architecture, de colonnes, d'arabesques, de
rosaces, sans y mêler quelque peu de politique ou d'*anti-philosophie*. Au reste, M. Boutard est parvenu à en imposer aux hommes
puissants par son ton assuré et son air capa-
pable ; ainsi je conseille aux artistes de le
cajoler et de lui faire la cour.

Je crois en avoir fini, ou à peu près, avec
le *Journal des Débats* et avec ses rédacteurs ;
peut-être aurai-je été un peu prolixe ; mais
il faut me pardonner d'avoir exploité avec
soin la plus fertile portion de mon sujet. Cependant je n'ai pas tout dit ; je n'ai pas parlé
de ces articles que M. de Châteaubriant y
consignait en 1814, et qui obtenaient les honneurs d'une seconde édition dans la même
journée, non plus que de certaines philippi-
ques contre les Œuvres de Voltaire, dans
lesquelles la prose de M. de Bonald devient
plus claire que de coutume ; je ne vous ai
pas dit que le bureau de rédaction du journal était situé rue *des Prêtres*, ce qui ne veut
pas dire absolument qu'il soit rédigé par des
prêtres ; si je ne vous ai pas dit tout cela, ni

tant d'autres choses encore, c'est que je me suis souvenu que

Le secret d'ennuyer est celui de tout dire.

C'est pourquoi je dis adieu pour toujours au *Journal des Débats*, et je passe sans transition à *la Quotidienne*. Ce n'est pas se dépayser, puisqu'on y retrouve le même esprit, qu'on y professe les mêmes principes et les mêmes opinions, seulement la couleur y est plus prononcée ; c'est une nuance plus tranchante. *La Quotidienne* aussi a son histoire comme le *Journal des Débats* ; d'illustres rédacteurs lui avaient acquis déjà de la célébrité, à une époque où ce dernier n'était encore qu'un sec procès-verbal. Le 18 fructidor vint suspendre ses brillantes destinées et disperser ses collaborateurs ; on la vit renaître à l'improviste à l'époque de la première restauration, et elle se montra, dès l'abord, haineuse, taquine, acariâtre ; les cent jours arrivèrent, et elle francisa son nom latin, afin sans doute que le nom sacré de *Quotidienne* ne fût pas souillé par les actes du gouvernement d'alors. *La Feuille du Jour* se fit distinguer par une attention remarquable à découvrir et à insérer tout ce qui venait de Gand, et par un zèle pour les principes constitutionnels, dont on ne l'avait pas crue capable : ces deux circonstances lui valurent un grand nombre de partisans et un moment de vogue brillante. Avec la seconde restauration, elle reprit son ancien nom, et quoiqu'elle se soit toujours montrée zélatrice des mesures violentes et des principes ultra-royalistes ; il est vrai de dire néanmoins qu'il lui resta quelque chose des principes constitutionnels, que par esprit de contradiction elle avait adoptés durant les cent jours. Sous ce rapport, *la Quotidienne* de 1815 et 1816 diffère un peu de celle de 1814. Mais pour ce qui est de la haine contre les hommes et les choses de la révolution, elle est bien toujours la même. Un changement notable de rédaction est survenu cependant à l'article *Paris*. Depuis environ une année, il est divisé en deux sections, savoir : *nouvelles de la cour* et *nouvelles de la ville*. Cette petite invention, qui a un air de vétusté charmant, a fait pâmer d'aise, le jour de sa première apparition, plusieurs marquises douairières. Je suis vraiment surpris que la *Gazette* ou les *Débats* ne s'en soient pas emparés ; vraisemblablement *la Quotidienne* s'en sera fait expédier le brevet d'invention, qui doit lui en donner pour dix ans le privilège exclusif. Quoi qu'il en soit, la rédaction de *la Quotidienne* pèse aujourd'hui presque toute entière sur M. Malte-Brun, qui se multiplie afin de pouvoir y suffire. Les rivaux et les ennemis de M. Malte-Brun lui ont reproché souvent, et jusqu'à satiété, son origine danoise; pour moi, je ne vois point quel tort cela peut lui faire; sa qualité d'étranger ne serait-elle pas au contraire un droit de plus qu'il aurait aux égards et aux ménagements des journalistes français? A la vérité, de son côté, il ne les épargne point, et il prend souvent avec eux un ton de hauteur et de supériorité peu convenable; mais peut-être faut-il en imputer le tort à ceux qui ont provoqué son caractère irascible. Après tout M. Malte-Brun écrit assez bien en français, surtout pour un Danois, et je crois que bien peu de ses collègues pourraient lutter avec lui en fait d'érudition et de philologie. Il sait choisir avec goût ce qu'il y a de vraiment beau dans la littérature septentrionale, et ses feuilletons sur les théâtres se lisent avec intérêt, en ayant toutefois soin de sauter à pieds joints les déclamations contre la philosophie, qui s'y trouvent semées de temps à autres, et qu'il faut bien lui pardonner, attendu que les médecins ont déclaré qu'elles sont nécessaires à sa santé. De même que j'ai exhorté les rivaux de M. Malte-Brun à être plus humains envers lui, je l'exhorterai à son tour à être plus humain envers eux. Que la *Quotidienne* et *le Constitutionnel* se déchirent à belles dents trois cent soixante-cinq fois dans l'année, et trois cent soixante-six les années bissextiles, cela est trop juste, et personne n'y peut trouver à redire; mais n'est-ce pas aussi avoir l'humeur par trop belliqueuse que d'attaquer à-la-fois, et souvent le même jour, deux ou trois autres journaux assez pacifiques de leur naturel ? Ce n'est point tout encore, *la Quotidienne* attaque souvent avec emportement et amertume plusieurs individus vivants ou morts. Ce qu'il y a de malheureux pour M. Malte-Brun, c'est qu'on lui attribue ces diatribes. Je me permettrai donc de lui faire observer que, pour être sans péché, il ne suffit pas d'avoir été ferme pendant les cent jours, attendu que dès 1809, 1810 et années suivantes, époque où M. Malte-Brun célébrait à haute et intelligible voix, dans le *Journal des Débats*, les louanges de Buonaparte ; son héros avait déjà fait enlever le pape, trahi l'Espagne, ordonné le meurtre du duc d'Enghien, du capitaine Wright, du libraire Palm, etc. Mais il est des gens si fort distraits, qu'ils ne songeaient à rien de tout cela, tant que le coupable était heureux et puissant ; aussi, maintenant qu'il est tombé, ils mettent un zèle incroyable à réparer leur inadvertance. Quant aux autres rédacteurs de *la Quotidienne*, ils ont une manière si terne et si obscure, que je ne pense pas que vous ayiez la moindre curiosité de les connaître (1).

Maintenant, passons les ponts, et loin, bien loin de la *Quotidienne*, près de ce Luxembourg où vous alliez étudier vos *institutes*, au point le plus élevé de la rue de Vaugirard, entrons dans le bureau du *Constitutionnel* ; mais gardons-nous de dire d'où nous sortons, car il pourrait nous en advenir malheur. Prenez en tout point l'inverse de la *Quotidienne*,

____

(1) Quand j'écrivis ce qui concerne *la Quotidienne*, je venais de lire le poëme intitulé *Voltaire*, ou *le Triomphe de la philosophie* ; et comme je n'étais pas encore bien éveillé, j'oubliai que M. Berchoux dépose quelquefois au bureau de la rue *des Bons Enfants* ses grotesques plaisanteries.

et vous aurez la définition du *Constitutionnel*. Si l'une est *ultrà*, l'autre est *infrà*. Jetez les yeux sur leurs registres; sur ceux de la première, vous allez trouver des évêques, des prêtres, des duchesses, des émigrés, des anciens nobles, etc.; sur ceux de l'autre, vous allez trouver de nouveaux grands seigneurs, des généraux et colonels en demi-solde, des préfets destitués, des ci-devant auditeurs, de vieux républicains. On pense bien que chaque journal est attentif à flatter les opinions ou les préjugés de ses abonnés. La *Quotidienne* ne laisse pas mourir un émigré au fond de sa province, sans donner à l'univers l'histoire un peu bourgeoise de sa vie. Le *Constitutionnel* est à l'affût des militaires qui expirent dans leur lit, et l'on assure qu'il nous prépare une notice touchante sur un mamelouck qui avait des idées très-libérales. La *Quotidienne* tue Mac-Grégor, repousse Bolivar et anéantit les insurgés de l'Amérique méridionale et ceux du Brésil, au moins une fois la semaine; tandis que dans le même temps, et souvent le même jour, le *Constitutionnel* fait déserter des divisions entières de l'armée royale, passe au fil de l'épée (un autre dirait au fil de la plume) la garnison de Pensacola, et enterre le général Morillos ; enfin si la *Quotidienne* est prompte à attaquer, le *Constitutionnel* n'est pas moins ardent à se défendre, *unguibus et rostro* : on riposte de part et d'autre, et c'est un spectacle charmant dont la charité et l'urbanité ont seules à souffrir. Mais qui pare cependant des coups si terribles, et qui en porte à son tour de non moins violents ? Est-ce le général Th. Beauvais ? Je ne le pense pas, et je crois qu'il se borne à rendre compte avec autant d'élégance que de goût, des ouvrages qui traitent d'un art auquel il doit le rang distingué qu'il occupe dans la société. Ne serait-ce pas plutôt M. Jay ou M. Tissot ? Ils ont tous deux du moins une plume forte et mordante, capable de soutenir les attaques de leurs agresseurs. M. Tissot fournit à son journal des articles de politique sages et bien raisonnés, et M. Jay ne manque aucune occasion de sortir du champ de la littérature, qu'il cultive ordinairement, pour inculquer à ses lecteurs des idées généreuses et l'amour de la liberté. M. Benaben, qui a fait son éducation dans les bureaux de l'armée d'Egypte, et ses premières armes dans quelque collége de province, est le second de M. Jay. Ses articles sont pleins de bonnes intentions, et s'ils n'ont rien de bien saillant, du moins ne sont-ils pas plus mauvais que tant d'autres. Pour M. Evariste Dumoulin, rédacteur du feuilleton (je me trompe, le *Constitutionnel* n'a point de feuilleton, car le feuilleton est une invention du *Journal des Débats*, et par conséquent *anti-philosophique*), rédacteur donc de l'article des théâtres, on lui devait jadis de justes éloges, car il était bref et rare, mais hélas ! depuis quelque temps, il envahit quotidiennemet sa colonne de *petit romain*. Avant de terminer ce qui concerne le *Constitutionnel*, je dois dire que, quelles que soient ses opinions et ses pensées depuis la clôture de la dernière session, il est d'une sagesse et d'une modération parfaite, ce qui fait infiniment d'honneur à ceux qui sont chargés de sa surveillance.

Passons maintenant à la *Gazette de France*, ne fût-ce que pour varier, car nous allons respirer un tout autre air. Si nous avions dû procéder par rang d'âge, nous aurions commencé par elle, car la *Gazette* est vieille, comme tout le monde sait, ce qui est d'ailleurs visible et palpable. Les autres journaux, dans leurs moments d'amitié, l'appellent *notre mère*, et elle mérite bien ce nom, puisqu'elle naquit l'an de grâce 1631, de feu Eusèbe Théophraste

Renaudot. Elle fut d'abord, pendant le dernier, siècle, le *Moniteur* de l'ancien régime, et maintenant elle n'est plus que celui de M. Martainville. M. Martainville est un peu inconstant de son naturel. Il a travaillé quelque temps au *Journal de Paris*, ensuite à la *Quotidienne*, et enfin il travaille maintenant à la *Gazette*, dont il paraît aspirer à devenir le *factotum*. Il y signe d'abord le feuilleton du théâtre, lequel est dans ce moment le plus mordant et le plus agréable de ceux qui s'impriment à Paris : c'est là, sans contredit, la partie brillante de la *Gazette* ; je le dis comme je le pense, sans m'inquiéter d'approfondir si madame Martainville y met quelque chose du sien : j'y trouve assez d'esprit et de gaîté pour y reconnaître l'auteur de M. *Crédule* et de *Tapin*, comme dans les articles qui rendent compte des séances des tribunaux, je reconnais la plume infatigable qui écrivit le *Pied de Mouton* ; il n'y a pas moins de mérite à l'un qu'à l'autre, et il faut convenir que, dans cette partie encore, la *Gazette* ne le cède à aucun autre journal, pour l'étendue et l'exactitude des détails, sans compter quelque ligne de morale très-touchante et très-pure, dont M. Martainville a soin plus d'une fois de faire précéder ses procès-verbaux. Chaque lundi, la *Gazette* régale ses abonnés d'un article de mélanges intitulé *la Lunatique*. M. Martainville, qui est un homme essentiellement modeste, a défendu très - positivement au public de lui attribuer rien de ce qui n'est pas signé de lui , et le public se le tiendra pour dit; mais dans son embarras, il ne saurait attribuer *la Lunatique*, qu'à un de ces individus dont Astolphe trouva le bon sens dans une de ces fioles que l'Arioste place dans la lune. La *Gazette* a perdu naguères dans M. Jouy un de ses plus aimables rédacteurs (1). Mais cependant ne lui reste-t-il pas M. Colnet , qui a de l'esprit et de la malice comme quatre, et qui, par cette raison , pourrait bien se dispenser de faire tant d'efforts pour courir après ? N'a-t-elle pas l'auteur de *Ninus II* (M. Briffaut) , qui lui fournit des morceaux aussi agréablement écrits que sagement pensés ? Ne nous cache-t-elle pas sous le voile un peu pédant de l'*Y* , la spirituelle, madame Bolly ? Je ne dis rien de M. Lourdoueix, et je ne discuterai point si ses articles

---

(1) Il serait malaisé de décider qui fut le premier infidèle ; si c'est la *Gazette* elle-même, il faudrait rire de sa sottise ; si c'est M. Jouy , il faudrait seulement la plaindre.

sont solides ou pesants : je me contenterai d'observer qu'il porte un nom de sinistre augure.

Entre la *Quotidienne* et le *Constitutionnel*, les *Annales politiques et littéraires* occupent le milieu : *Le Roi et la Charte* voilà leur épigraphe. C'est aussi le résumé de l'esprit qui préside à leur rédaction. Ce journal, qui ne compte pas encore deux années d'existence, a déjà pris un rang distingué parmi ses confrères. La modération et la sagesse en forment le caractère distinctif ; on ne le rencontre pas toujours sur la table du café, mais on l'aperçoit souvent sur le bureau du fonctionnaire public. Jamais on ne le voit, comme le font tant d'autres, se manquer à lui - même, en se livrant à des diatribes indécentes et grossières : c'est véritablement le journal de l'urbanité et du bon ton, et je ne m'étonne pas qu'un ministre éclairé et juste, lui accorde une protection spéciale. Imprimé en caractères fins, il contient plus de choses que les autres journaux ; aucun ne rend compte avec plus d'exactitude et de sagacité des débats du parlement d'Angleterre et de notre Chambre des députés. La plupart des autres journaux, avec une morgue tout à fait plaisante, dédaignent d'abaisser leurs regards sur la province ; pour

eux la république des lettres semble concen-
trée dans l'enceinte des boulevards, et j'oserais
presqu'affirmer qu'il est sans exemple que le
Journal des Débats ait rendu compte d'un ouvrage imprimé dans les départemens. Les
Annales, au contraire, ont su trouver un
nouveau moyen d'interêt, dans le soin qu'elles
apportent à entretenir le public des produc-
tions agréables ou utiles qui paraissent dans
nos provinces, où il ne manque que des cote-
ries pour faire des réputations, mais où il ne
manque ni des talens ni de l'instruction. C'est
M. Villenave, écrivain laborieux et très-versé
dans l'histoire littéraire de notre nation, qui
est le fondateur et le principal soutien de ce
journal. Ce que je reprocherai à ses collaborateurs, ce n'est pas de manquer de réputation, mais plutôt, de manquer d'enjoûment et
d'amabilité. Le lundi est un jour heureux pour
les lecteurs des *Annales* : ce jour là, dans un
article intitulé *la Semaine*, M. Villenave, ef-
fleure en se jouant, les divers évènemens politiques et littéraires. Ce cadre ingénieux fut
imaginé par lui, pour tenir ses abonnés au courant des menus évènemens que l'abondance
des matières politiques, auxquelles les *Annales* accordent toujours le premier rang,

n'aurait pas permis de leur apprendre. Aussitôt le *pecus imitatorum* s'empara de l'idée, chaque journal voulut avoir un article dans ce genre. Le *Journal-Général*, craignant de se mettre en frais d'invention, prit sans façon le même titre : heureusement que sa *Semaine* ne risque pas d'être confondue avec celle des *Annales* (1). Les Débats firent paraître leur *Revue littéraire et théâtrale*, où je ne sais quel M. X répète un peu prolixement ce que les autres journaux ont dit huit jours avant lui. Le *Journal de Paris* eut sa *Chronique*, la *Gazette* sa *Lunatique*, le *Constitutionnel* ses *Mélanges*; il n'y a pas jusqu'au *Bon Français*, qui s'est avisé d'avoir un *Flâneur*, lequel ne s'écarte guère cependant de la rue Tiquetonne. La *Quotidienne* avait lâché un *Furet*, mais il paraît qu'elle s'est décidée à le remettre dans son sac. Je m'aperçois, avant de quitter les *Annales*, que je ne leur ai fait presqu'aucun reproche, et je crains que vous ne m'accusiez de partialité pour elles. Ma foi c'est leur faute et non la mienne : cependant, s'il faut absolument leur trouver quelque défaut, je leur repro-

---

(1) C'est un certain M. le Fortier qui est accusé d'en être le compilateur.

cherai de traiter trop légèrement, ou même de négliger tout à fait, beaucoup d'ouvrages nouveaux, et d'être un peu trop ministérielles, ce qui ne sera pas un grief aux yeux de tout le monde.

Nous voici arrivés vers les derniers rangs de la phalange des journaux, puisque nous passons au *Journal de Paris*. Dès long-temps avant la révolution, le *Journal de Paris* existait, et dès-lors il était considéré comme étant dévoué aux philosophes. Je crois bien qu'il persévère dans le même esprit, mais je peux assurer néanmoins qu'il ne contient jamais rien de dangereux. Sa partie la plus philosophique et la plus riche en résultats positifs, c'est son *Bulletin du Commerce*, auquel il doit plus d'un abonné de la province, lequel reçoit, en outre, et par-dessus le marché, en tête du journal, les observations météréologiques, et l'heure où commence l'éclairage, ce qui ne laisse pas que d'avoir ses agréments pour un bourgeois de Bayonne ou de Montpellier. Si, comme on me l'a assuré, le feuilleton du théâtre est de M. de Rougemont, j'en conclurai que M. de Rougemont sait mieux faire un vaudeville que le disséquer agréablement. Quant à la *Chronique*, je souhaite beaucoup qu'elle ne soit pas de lui;

car elle est ordinairement insignifiante, sauf
les bons mots dont elle est lardée, et qui ne
sont souvent imprimés que depuis vingt ans.
On doit accorder quelques éloges aux articles
de M. Aubert de Vitri.

Pour ce qui est de l'esprit (je veux parler
de l'esprit politique, le seul qu'on connaisse au
Journal de Paris), on peut le regarder comme
étant un peu moins ministériel que celui des
Annales, et un peu moins libéral que celui du
Constitutionnel.

A propos de *libéral*, cela me fait souvenir
du *Journal-Général*, qui veut s'aviser aussi
de donner dans ce genre ; mais cela est loin de
lui réussir. Long-temps il flotta, incertain à
quel parti il devait se vouer ; enfin il se décida
pour l'opposition constitutionnelle, mais il n'y
a gagné que des taloches et des horions. Il est
des gens qui naissent malheureux, rien de ce
qui réussit aux autres, ne réussit pour eux. Le
Journal - Général m'a bien l'air de ressembler
à ces êtres malencontreux ; il n'est pas encore
âgé de trois ans, et il éprouve déjà tous les
symptômes de la décrépitude. En vain M. Au-
ger, laissant reposer sa plume éminemment
biographique, s'épuise pour le sustenter ; le
public reste froid. Que lui importe, en effet,

cette feuille fade et sans couleur? Un de ces derniers jours, le *Journal - Général* fatigué d'appeler vainement les chalands dont pas un ne faisait mine de l'entendre, prit une résolution désespérée, et ne sachant plus à qui s'en prendre, il mit tous ses rédacteurs à la porte ; mais vains efforts : les rédacteurs détrônés se réinstallèrent l'un après l'autre au bureau ; seulement l'un changea son S. contre un T., et l'autre son L. contre un M., ce qui, au reste, est parfaitement indifférent pour le public, qui ne se soucie pas plus de l'S que du T. (1).

Après tout ce que je viens de vous dire du *Journal - Général*, vous croiriez qu'on ne peut pas être au – dessous ; je le croyais aussi avant de connaître le *Bon Français*. Il est impossible de pousser plus loin que cette feuille, l'insipidité et la négligence dans la partie des nouvelles ; comme aussi l'on dirait

____

(1) On assure que sous quelqu'une de ces lettres mystérieuses est caché M. Moreau le *vaudevilliste* ; la chose ne me paraît pas improbable ; mais on prétend y reconnaître encore M. de Ségur et M. Étienne, ce qui n'est pas vraisemblable ; car il n'y a certainement pas deux hommes d'esprit au Journal Général.

qu'elle s'est engagée, avant que de se produire au grand jour, à ne faire mention que des ouvrages dont personne ne s'occupe. En vérité, je ne conçois pas comment un journal, sur la rédaction duquel M. Salgues exerce de l'influence, peut à ce point rester en arrière des lumières et de la perfection du siècle. Comme il porte sur son frontispice, *au profit des pauvres*, je me garderais bien d'en dire du mal, si je croyais qu'il pût leur en revenir un sou de bénéfice ; mais certainement il est impossible qu'ils n'y soient pour leurs frais. Qui ne sait, en effet, que toutes les inventions économiques de M. de Cadet de Vaux, n'aboutissent à autre chose qu'à dépenser beaucoup d'encre et de papier ? Heureusement qu'il n'est guère sujet à ces accès d'imaginative qu'une fois l'année, à peu près vers l'équinoxe du printemps. Qui pourrait deviner sans la rime, que les fables de M. Dumaniant sont écrites en vers ? Le feuilleton du théâtre, rédigé par M. Ricord, est ce qu'il y a de plus passable, et serait encore une bonne fortune pour le *Journal des débats*. L'opinion politique du *Bon Français* est de n'en avoir point. Je soupçonne cependant, d'après quelques données vagues, qu'elle se rapproche assez de celle des *Débats* et de la *Quotidienne*. Au reste, n'allez pas croire sur son titre, que ce journal soit mieux écrit qu'un autre : ce titre-là n'est qu'une mauvaise plaisanterie, car je connais un des confrères du *Bon Français* qui avait entrepris de relever ses fautes de langage, et qui s'est vu obligé d'abandonner ce travail, qui menaçait d'envahir toutes ses colonnes.

Je termine la revue des feuilles quotidiennes de la capitale par le *Journal du Commerce*. Ce journal, où l'agréable est entièrement sacrifié à l'utile, convient parfaitement à l'homme totalement absorbé dans les affaires de son commerce. Il y trouvera traitées avec sagacité plusieurs questions difficiles de cette branche importante de l'industrie humaine ; cependant ce bon journal eut un moment d'ambition qui faillit le compromettre dans l'opinion de ses lecteurs. Pendant quelques jours, deux érudits s'emparèrent de ses meilleures colonnes. C'était à propos de je ne sais quel vieux bouquin que le docteur Marie de St.-Ursin ne donnerait pas, pour 20,000 fr., et dont M. Eloi Jouhaneau ne lui donnerait pas 20 sols. Aucun des deux champions ne voulait céder le champ de bataille, et au cas que la querelle vînt à se terminer, déjà des inscriptions, des médailles, des sarcophages, venaient, à point nommé, d'être déterrés à Calais pour fournir matière à en recommencer une autre, laquelle n'aurait pas fini de sitôt, lorsque le rédacteur du journal, en homme prudent et sage, a mis tout bonnement nos deux savants à la porte, à la grande satisfaction de l'agent de change et du courtier, qui s'intéressent bien plus à l'*omnium* de la bourse de Londres, ou au cours du change d'Amsterdam, qu'à l'authenticité d'une *édition princeps* ou au déchiffrement arbitraire d'une inscription à demi-effacée.

Mais qu'allais-je faire, j'oubliais les *Petites affiches*, les *Petites affiches*, qui ne mentent jamais (1), et qui s'avisent quelquefois d'avoir de l'esprit. C'est un tort qu'on ne reprochera jamais au *Journal des Maires*. Du fond de la rue Guénégaud, laquelle n'est pas éloignée du quai Voltaire (ce qui ne laisse pas que d'être commode pour le rédacteur), ce journal donne trois fois la semaine aux cultivateurs ses conseils agricoles. M. Tessier y tire sa poudre aux moineaux, tandis qu'un anonyme s'y est déclaré le patron des hirondelles. Le *Journal*

------

(1) *Historique.*

des Maires est le seul journal politique, de format in-4°. Plus humble dans son format et reduit à l'in-8°., un *Journal des Campagnes* s'imprimait naguère trois fois la semaine, et s'imprime peut-être encore chez M. Michaud. J'ignore si ce journal parvient à son adresse ; mais ce que je peux assurer, c'est qu'il ne s'arrête point en ville.

Je quitte maintenant les *feuilles* pour passer aux *Recueils périodiques* espèces de journaux qui paraissent sous la forme de cahiers ou brochures, à des époques fixes, et qui ont la prétention d'être moins éphémères que les journaux quotidiens , puisqu'ils suivent dans leurs numéros successifs un ordre de pagination, qui peu à peu en fait des volumes. Je glisse rapidement sur le *Bulletin des Lois* , espèce de doublure du *Moniteur*, qu'il est destiné à remplacer auprès des percepteurs de village et des greffiers du juge de paix. Il y aurait néanmoins quelques bonnes réflexions à faire sur ces individus qu'on y voit obtenir, à chers deniers , le droit futile d'allonger ou d'estropier un nom , qu'ils ne savent pas sans doute rendre honorable , fantaisie pardonnable tout au plus à l'avocat *Braillard* , et qui le serait encore au procureur *Bonesserre* , qui exerce à Toulouse ses petits talents. Mais je me hâte d'arriver au *Journal des Savants*; ce titre est si orgueilleux, qu'on a quelque pudeur à dire; je suis abonné au *Journal des Savants*, parce qu'on aurait l'air, en le disant, de se donner pour un savant; aussi comme la modestie est la vertu favorite de notre siècle, le *Journal des Savants* a bien de la peine à trouver des abonnés; on a dit cependant qu'on avait réimprimé le 1er n°, ce qui ne prouverait autre chose, sinon qu'il en aurait été tiré très-peu d'exemplaires. Au reste, ses rédacteurs s'inquiètent peu de tout cela; ils savent que, quoi qu'il arrive, ils auront leurs cinquante louis par an pour une demi douzaine d'articles. En effet, parce que ce journal avait duré depuis 1665 jusqu'en 1792, le gouvernement a pensé qu'il faisait partie intégrante de la monarchie; en conséquence, il l'a rétabli par une ordonnance, et le soutient à ses frais et dépens. Chaque numéro, avant que de paraître, est discuté dans une espèce de conseil d'état littéraire, sous la présidence du chancelier de France; une bonne moitié de l'Académie des sciences forme ce conseil; en vain M. Raynouard, M. Raoul-Rochette, M. Letronne, lui présentent des articles sur des sujets d'érudition historique, latine ou grecque, un peu à la portée du vulgaire des humains ; il paraît que le conseil a un goût décidé pour le genre oriental ; car il accorde presque toujours la préférence aux articles chinois, samskrits, hindous, arabes, persans, de MM. Abel Remusat, de Chezy, et surtout Sylvestre de Sacy, lequel a mérité d'un de ses confrères cet éloge : *qu'il écrivait le persan d'une manière qui ferait envie au scheick le plus lettré ;* ces articles où la presque-totalité des lecteurs ne peut voir que du noir et du blanc, sont, je me plais à le croire, d'un très-grand mérite, et c'est là, au reste, la seule preuve que le *Journal des Savants* puisse donner, qu'il n'est pas une superfétation dans notre littérature. Combien je lui préfère les *Annales encyclopédiques!* voilà véritablement un modèle de la manière dont on peut être érudit sans ennuyer son monde. Que de science à-la-fois, et que de variété! cependant il n'a point fallu un conseil d'état pour le rédiger, un seul homme y suffit presque tout entier, et cet homme est M. Millin. Notez qu'il est académicien, ce qui, pour le dire en passant, détruit l'opinion trop généralement répandue, qui attribue au fauteuil une vertu narcotique qu'on ne devrait attribuer qu'à celui qui s'y asseoit. Comme le *Journal des Savants*, les *Annales encyclo-pédiques* ne publient qu'un cahier par mois; et cependant, au lieu de ne rendre compte que d'une soixantaine d'ouvrages dans l'année, la littérature française toute entière ne suffit pas à leur zèle; et c'est encore le seul de nos journaux qui nous tienne au courant d'une manière exacte et complète de la littérature de différents peuples. L'archæologie est le genre auquel il accorde le plus d'espace; cependant il ne dédaigne aucune espèce d'érudition, et chacun de ses numéros est enrichi de mémoires inédits de savants étrangers ou nationaux. Aussi les *Annales encyclopédiques* jouissent, principalement hors de France, de l'estime de tous les gens instruits; on les met à côté de ces importants recueils que publient les savants d'Angleterre, d'Allemagne et d'Italie. Depuis l'an 4 jusqu'en 1815, elles furent connues sous le nom de *Magasin encyclopédique*, et obtinrent des abonnés dans toute l'Europe, et même jusqu'en Crimée, ce qui, pour le dire en passant, pourrait justifier, en quelque manière, certaines gens que nous avons vus professer tant d'estime pour les Cosaques. Le malheur des cir-

constances ayant interrompu pendant près
d'une année le *Magasin encyclopédique*, il
vient de reprendre, depuis le 1ᵉʳ janvier dernier, en profitant de l'occasion pour changer
son nom un peu britannique de *Magasin*,
contre celui tout à fait français d'*Annales*,
lequel convient parfaitement à sa forme et à
son caractère. Dans tout cela, il n'y aurait
certainement pas le plus petit mot pour rire,
si le savant rédacteur ne se donnait lui-même
un léger ridicule, par l'affectation qu'il apporte à signer des initiales A. L. M. le moindre mot, la plus petite note qui échappe à
sa plume. Je concevrais cet usage dans tel
autre journal, où il pourrait craindre qu'on
ne mît sur son compte quelqu'une de ces
sottises qu'il n'est pas rare d'y rencontrer. Mais
que dans le numéro d'Avril, je trouve votre
nom vingt-huit fois, certes, M. Millin, c'est
avoir un amour-propre trop scrupuleux.

Mais quittons ces graves journaux d'érudition pour nous arrêter un moment avec le *Mercure*, qui fut jadis *galant*, mais qui ne saurait
plus l'être aujourd'hui, attendu qu'il est âgé
de cent quarante-cinq ans. Je n'entreprendrai
point de vous faire son histoire, tant j'aimerais
être condamné à lire les 1781 volumes, dont

se compose son énorme collection. On ne saurait cependant se défendre, en considérant cette masse imposante, de quelques mouvements d'orgueil national, en songeant quelle infinie multitude d'énigmes, de logogryphes et de charades, y jouissent d'une paisible immortalité. Tu as déjà pris place dans cet élysée poétique, ô mon acrostiche! toi qui révélas à l'univers mes talents et mon patriotisme. Il fut un temps où *le Mercure* était devenu le patrimoine de MM. de Châteaubriant et de Bonald, qui, l'un avec sa prose poétique, l'autre avec sa métaphysique obscure, y soignaient les intérêts des marquis et des vicomtes ; je me rappelle même qu'à propos d'un certain portrait de Tibère, Buonaparte, qui n'aimait pas qu'on dît du mal des empereurs, à quelque nation et à quelque époque qu'ils appartinssent, menaça de faire sabrer sur les marches de son trône le téméraire écrivain. Mais les jours se suivent et ne se ressemblent pas ; Buonaparte est tombé du trône, et le sceptre du Mercure est tombé des mains de MM. les *vicomtes* pour passer dans celles de MM. Benjamin de Constant, Jay, Jouy, Lacretelle, etc., qui l'emploient à détruire ce que leurs prédécesseurs avaient édifié. On connaît l'épigramme de La Bruyère, qui plaçait *le Mercure* un degré au-dessous de o. Cette épigramme, quoique bien ancienne, était neuve encore l'année dernière, parce qu'elle était vraie ; mais elle commence à vieillir depuis la nouvelle rédaction. Il est difficile en effet de traiter la politique avec plus de franchise et de liberté, d'être plus piquant et plus lumineux que M. Benjamin de Constant. Les articles de ce publiciste distingué, et dont les principes n'ont jamais varié, suffiraient seuls pour faire la fortune d'un journal. Après les morceaux de M. de Constant, ceux que l'on recherche avec le plus d'empressement dans *le Mercure*, sont sans contredit les mémoires de l'*Hermite de la Guyane*. Ce n'est pas que ce bon vieillard ne commence un peu à radoter ; dernièrement encore, il transportait Carcassonne au bord de l'Adour ; il attribuait au cardinal de Fleury le catéchisme historique de l'abbé Fleury, et estropiait le nom de M. *de Noë* évêque de Lescar, qui ne fut jamais appelé M. *Noël* que sur les tablettes de notre hermite ; mais il faut pardonner quelque chose à un vieillard qui fut jadis aimable, et qui a encore d'heureux mo-ments. Un hermite plus spirituel et plus gai que lui, parcourut naguère tous les quartiers de la capitale. Celui-ci fait sa tournée dans les provinces. Fatigué du voyage et des mauvaises querelles qu'on lui a suscitées à Bordeaux, il s'est long-temps arrêté dans les sables des Landes, d'où il a eu bien de la peine à se dépétrer. Dans tous les cas nous doutons qu'il obtienne les mêmes succès que son camarade *l'Hermite de la Chaussée d'Antin*, lequel, au rapport de ce voyageur dont nous avons déjà parlé, partageait avec les feuilletons de Geoffroy, les honneurs de la célébrité auprès des beaux esprits de la côte de Coromandel.

Le Mercure et *le Constitutionnel* ont tous deux un même esprit de famille ; ce que je dis, non pas tant à cause que M. Jay et M. Benaben travaillent dans l'un et dans l'autre, que parce que ces deux journaux professent un attachement prononcé aux *principes libéraux*. Mais quelle singulière sorte d'esprit est celle de ce pauvre *Bachelier de Salamanque?*—Ce bon homme sait rarement ce qu'il veut dire, et ses idées manquent de liaison et de suite, comme ses épîtres manquent de motif et d'objet. Renvoyez, croyez-moi, M. Esménard, renvoyez ce bachelier à ses bancs ; et vous qui connaissez personnellement l'Espagne, donnez-nous quelque chose d'intelligible et d'intéressant sur une nation si riche en passé et en avenir.

O vicissitude des choses humaines ! La fortune inconstante vient d'élever un conseiller d'état du salon au grenier ; et M. Dufresne Saint-Léon , (lequel cependant ne manque pas d'esprit), depuis qu'il s'est fait habitant des galetas , en a pris un peu le langage. Comme j'ai en portefeuille quelques charades et quelques logogryphes , je ne quitterai pas *le Mercure* sans demander auparavant au rédacteur si M. Remi-Labitte et M. Roques , l'aveugle , sont ses pourvoyeurs en ce genre , exclusivement à tous autres , afin que je puisse m'arranger en conséquence.

Mais quel est ce petit journal à casaque bleue et à tournure provinciale ? — *La Quinzaine littéraire , suite de l'Année littéraire.* Au moins celui-là ne me donne aucune peine pour découvrir le nom de ses rédacteurs ; je les trouve imprimés en toutes lettres sur la couverture. M. Amar en est le chef, et c'est déjà de bon augure ; car M. Amar est un homme qui a de l'instruction et du goût. — Je poursuis M. de la Grange, *l'un des élèves les plus distingués* (Sic) , de M. de Sylvestre de Sacy. Oh ! oh! est-ce qu'il y aurait de l'arabe par ici ? —

M. Nicolopoulo, jeune Grec, qui fournit à *la Quinzaine* des poésies écrites dans sa langue maternelle, et qui doivent faire reporter sur leur auteur une partie de l'intérêt que les âmes nobles et les cœurs sensibles accorderont toujours à l'illustre et malheureuse patrie des arts. — M. Aimé Guillon, auquel il faut attribuer sans doute ces dissertations savantes, quoiqu'un peu lourdes, sur l'histoire et la critique des beaux-arts, etc., etc., etc. On voit déjà que *la Quinzaine littéraire* est un composé mi-parti d'érudition et de littérature ; on voit que ses rédacteurs ne manquent ni d'esprit ni de connaissances ; mais on souhaiterait qu'ils missent dans leur recueil encore plus de variété, et surtout qu'ils prissent une couleur plus prononcée. Sans doute il est facile de deviner qu'ils appartiennent à la clique de *la Quotidienne* et des *Débats ;* mais on ne leur a vu montrer encore ni griffes ni dents, et un journal sans venin est une chose vraiment scandaleuse. Ainsi donc, Messieurs de *la Quinzaine,* ayez de l'âcreté, de la partialité, médisez, calomniez même s'il le faut, et alors vous aurez des abonnés ; les uns qui vous craindront, et les autres qui vous admireront. Votre bonhomie m'inspire un intérêt semblable à celui qu'on éprouve pour un jeune homme qui se trouve lancé dans le monde avec toute la candeur et l'inexpérience du premier âge. C'est pourquoi je vous donne un dernier avis, qui vous paraîtra peut-être ridicule, mais qui cependant n'est pas sans quelque importance chez un peuple frivole. Quittez le format in-18, il n'est pas de bon ton ; il vous ferait autant de tort qu'un habit rapé à un homme de mérite, et prenez l'in-8°, hors duquel il n'y a plus aujourd'hui ni talent, ni même sens commun.

Dès le temps de Lebrun, M. Fayolle était déjà, comme chacun sait, *la gloire du Distique et l'espoir du Quatrain.* Si Dieu lui accorde un demi-siècle de vie, il envahira un beau jour le poème épique ; en attendant, le voilà qui, dans le *Journal des Modes,* vient de s'élever jusqu'au dixain. Ses vers partagent, avec ceux de M. Auguste Moufle et de Mme de Babois, l'honneur d'envelopper ces jolies gravures des costumes parisiens, que les élégants des deux sexes se font un devoir de consulter chaque cinq jours. Le *Journal des Modes* a deux manies, dont je n'ai pas pu encore deviner la cause ; d'abord celle d'annoncer très-régulièrement un livre de jurisprudence dans chacun de ses numéros, et puis celle de prendre

en l'air le premier mot venu, pour épuiser sur
son compte tout ce qui a été dit en fait de plati-
tudes et d'inepties.

Qui croirait que c'est dans le même siècle et
dans la même cité que se publient à-la-fois le
Journal des Modes et *le Mercure latin* (*Hermes Romanus*)? Cela s'explique cependant par
la différence des quartiers. M. de la Mésen-
gère a ses bureaux sur les boulevards les plus
fréquentés ; et M. Barbier Vémars a établi les
siens dans le Cloître-Notre-Dame. J'aime la
littérature ancienne, et je ne pense pas qu'on
puisse être solidement instruit sans la connaître. De plus, il me reste encore quelques
vers latins de mes compositions de rhétorique,
que j'ai l'espoir de voir figurer quelque jour
à côté de ceux de MM. Billecocq et Mazoyer ;
par ces motifs, je m'abstiendrai de dire du mal
de l'*Hermes Romanus*.

Tout imprimeur, tant de la capitale que
desprovinces, envoye un exemplaire de la
moindre feuille qui sort de ses presses, au
Journal de la Librairie, qui doit avoir sur
tous les autres journaux l'initiative pour l'annoncer. Cette mesure de police, dont le des-
potisme a su dans le temps faire son profit,
paraissait ne devoir produire qu'une sèche

nomenclature des écrits de notre siècle ; mais comme l'exécution en a été confiée à M. Beuchot, ce savant bibliographe a su, au moyen d'une foule de détails intéressants et curieux, en faire un journal, qu'en ma qualité de bibliomane, je me fais une fête de dévorer chaque samedi. M. Pillet, qui l'imprime, le signe à côté de M. Beuchot ; ce qui me rappelle l'histoire de ce souffleur d'orgue qui, entendant les compliments qu'on adressait à Charpentier sur la manière dont il venait de toucher l'orgue à Saint-Roch, sortit de sa hutte, en disant : C'est moi, Messieurs, qui l'ai soufflé.—MM. Treuttel et Wurtz, libraires, publient chaque mois, depuis 1798, un cahier in-8°, sous le titre de *Journal général de la littérature de France*, par ordre de matières, lequel n'est qu'une mauvaise doublure du *Journal de la Librairie*. Ils publient aussi, aux mêmes époques et dans le même format, depuis 1801, un *Journal général de la littérature étrangère*, par ordre de matières, qui n'est pas sans utilité.

Si la religion rencontre encore beaucoup de préventions, si elle est quelquefois mal appréciée par les gens du monde, la faute en est principalement à un grand nombre de ses ministres qui, méconnaissant les sublimes doctrines de l'évangile, telles que les ont entendues les grands hommes de l'église primitive, et de nos jours les disciples de Port-Royal, l'ont réduite quelquefois à n'être plus qu'un ridicule amas de formules et de superstitions. Ces réflexions me sont inspirées par l'*Ami de la Religion et du Roi*, qui serait bien plus justement nommé l'*Ami des Jésuites* et des *ultràmontains*. Cette feuille, dont beaucoup de Parisiens ignorent sans doute l'existence, est le seul journal ecclésiastique qui paraisse actuellement à Paris. S'il parvient jusqu'à ces universités étrangères, qui se sont acquis tant de réputation par leurs travaux sur la littérature biblique et l'histoire ecclésiastique, il doit leur donner une bien triste idée de l'état actuel de cette Eglise Gallicane, jadis si fière de ses *libertés* ; elles n'y verront en effet que des dissertations ascétiques qui manquent également d'utilité et d'à-propos, ou des diatribes sans charité contre le peu d'ecclésiastiques instruits et sages que possède encore la France (1).

______

(1) On a publié le prospectus d'un ouvrage périodique qui doit paraître par cahiers sous le titre de l'*Israélite*

Les journaux, comme vous savez, se mêlent de tout ; l'éducation ne pouvait pas leur
échapper, pas plus qu'ils ne pouvaient échapper eux-mêmes à madame de Genlis. Cette
dame célèbre, qui peut se vanter d'avoir avec
ses romans élevé les demoiselles de notre siècle, veut encore faire goûter de sa prose aux
petits garçons ; c'est pourquoi, de concert avec
madame Dufresnoy, M. Bailly et quelques autres, elle publie un *Journal du Dimanche* (1),
dont les papas qui ont de l'esprit doivent faire
cadeau à leurs enfants. Comme je commence à
me faire vieux, je ne lis pas ce journal, et je
n'en ai que des idées si confuses, que j'ai failli
le confondre avec un autre journal à peu près
de même nature, ayant pour titre : *Annales
de la Jeunesse*, auquel travaillent M. et madame Azaïs, M. Lefèbvre, M. Bouilly, etc.,
mais dont je n'ai fait qu'apercevoir la couverture. Ce n'est pas tout encore, car nos gens
de lettres et nos philosophes se donnent beaucoup de peine pour nous bien élever. La so-

---

français : on ne saurait voir sans intérêt, les nobles
efforts d'une nation, qui doit être chère aux amis de
l'humanité, puisqu'elle fut si long-temps opprimée.

(1) Aujourd'hui *Journal de la Jeunesse*.

ciété de l'*Enseignement mutuel*, publie sous le titre de *Journal d'Education*, un cahier mensuel, adressé aux instituteurs et aux pères de familles, dans lequel M. Jullien nous adresse beaucoup de *pourquois*, un peu minutieux si l'on veut, mais dont on ne peut que louer les motifs ainsi que ceux de l'estimable société, dont il est un des membres les plus actifs. Enfin, M. A. Egron, imprimeur, a fait paraître sous le titre d'*Annales du Barreau*, le premier numéro d'un recueil de discours prononcés devant les tribunaux, lequel devait avoir un successeur chaque mois, et être ouvert également aux avocats et aux magistrats des départements et de la capitale. J'ignore s'il continue cette entreprise.

Il me reste encore à vous dire un mot, pour avoir épuisé mon sujet, d'une sorte d'ouvrage amphibie, qui sans paraître à des époques fixes, appartient incontestablement au genre des journaux, soit par sa forme, soit par son objet. En tête, je placerai le *Censeur*, tant à cause de la grosseur de son volume, que du bruit qu'il a fait dans le monde. Deux avocats jusqu'alors inconnus, MM. Comte et Dunoyer, profitèrent d'un moment de liberté dont les journaux s'étaient emparés en 1814, pour commencer leur censure périodique. Quand celle des ministres fut rétablie, ces Messieurs trouvant inconvénant qu'un *censeur* fût exposé à être censuré, élevèrent leur ouvrage jusqu'à l'épaisseur requise alors par la loi pour jouir de l'indépendance. Durant les dix mois de la première restauration, ils ne cessèrent de critiquer avec beaucoup de hardiesse, et souvent avec beaucoup de justesse, tout ce qui leur paraissait inconstitutionnel ou illibéral. Mais comme ils faisaient la guerre aux choses et non aux personnes, les cent jours ne les trouvèrent pas disposés à se soumettre à la dictature ou à admirer l'*Acte additionnel.* Tracassés sous Buonaparte, ils se virent après sa chute contraints au silence, ce qui est plus pénible qu'on ne le pense, pour des gens qui se sont fait une habitude de parler au public une fois par mois. Mais s'ils se turent, ce ne fut pas du moins sans avoir épuisé tous les moyens que les lois leur fournissaient pour résister à la force. Aujourd'hui que les circonstances sont plus calmes, ils viennent de remonter à leur tribune. En ajoutant à leur titre celui d'*Européen*, ils ont eu l'air de recommencer un autre ouvrage, et par conséquent de ne pas donner un démenti formel à l'autorité ; mais je puis bien vous assurer que jamais aucun coin de l'Europe n'avait été à l'abri de leur censure. On reproche, avec quelque raison au *Censeur* d'être lourd. Ce n'est pas seulement la faute de MM. Thierry et Scheffer qui sont adjoints depuis peu aux premiers fondateurs, c'est encore celle de MM. Comte et Dunoyer, qui conservent, la plume à la main, la stérile abondance de nos avocats. On peut leur reprocher aussi, de s'enfoncer trop souvent dans une métaphysique politique, laquelle, poussée jusqu'aux dernières conséquences, finit par tomber dans le chimérique. La hardiesse des opinions, l'amertume et le sarcasme firent la première fortune du *Censeur*. Ces précieux éléments se conservent encore dans sa dernière partie, qui est faite pour dédommager un peu des lourds *factums* qui la précèdent. Heureux le public, heureux les écrivains de la rue Gît-le-Cœur si tout le volume était de la même trempe ! Quatre cents pages de scandale ! Ce serait aussi par trop beau, et nous ne sommes plus à l'âge d'or.

Dans un esprit tout opposé à celui du *Censeur*, M. Lablée promulgue *incognito* de petits cahiers vides de sens et d'agrément, auxques il lui plaît de donner le nom de *Chroni-*

que de Paris. J'étais dernièrement au cabinet de lecture du passage des pavillons, lorsqu'un de ces cahiers me tomba sous la main. Un lecteur, qui leur devait sans doute le bonheur d'avoir goûté le sommeil, avait effacé ces mots qu'on lit sur la couverture : *Au bureau de la rue de Rivoli*, pour les remplacer par ceux-ci : *Au dortoir de la rue de Rivoli*. Si quelqu'un doute du fait, il est facile d'aller le vérifier ; c'est le N° 2 de la *Chronique*. Mais si par hasard on ouvre le cahier, je crains qu'on ne soit bientôt de l'avis du dormeur (1).

Vous saurez de plus, mon cher ami, que *Diogène* avait annoncé son arrivée à *Paris*, et qu'il irait descendre rue Bourtibourg, chez un certain M. Dubertrand. En effet, il vient de nous signifier officiellement sa présence par un chevalier *Sybilans*, son secrétaire ; mais je préviens le cynique que son *gentleman* se fourvoie, et qu'il prend la grossièreté pour de la malice, et le mauvais ton pour de la plaisanterie.

C'est faire preuve d'érudition que de vous

____

(1) Quelqu'un vient de me faire observer qu'il n'est pas généreux de troubler la cendre des morts. L'observation est juste, ainsi j'en fais mes excuses au public.

avoir déterré un *Mémorial britannique, politique, philosophique et commercial*, dont
l'auteur, par une modeste prévoyance, n'a fait
tirer que quelques exemplaires; c'est lui qui
nous l'apprend.

Si j'ai réservé pour la fin de ma revue les
Lettres Champenoises, ce n'est pas certainement qu'elles occupent le dernier rang dans
la hiérarchie des journaux, mais c'est parce
qu'elles s'éloignent plus que tout autre de la
forme de ce genre d'ouvrage. C'est à bon
droit cependant que je les y classe. Au reste,
le Champenois écrit avec élégance et simpli-
cité; sa malice est douce et fine, et si ses
idées sentent quelquefois le terroir, on apprend
toujours avec curiosité ses nouvelles littéraires.

J'ai tâché, mon cher ami, de remplir la
tâche que vous m'aviez imposée de vous faire
connaître, le nom, la forme et l'esprit des
journaux de la capitale. J'ai poussé mes re-
cherches jusqu'au scrupule, et je me suis
quelquefois appesanti sur des *riens*. En cela,
j'ai voulu remplir vos vues; la matière d'ailleurs est assez importante, puisqu'elle a oc-
cupé chaudement nos législateurs, qu'on a été
jusqu'à prétendre que l'opinion publique se
dirigeait avec quelques rames de papier noir-

ties quotidiennement, que dans cette idée tous les partis ont voulu s'emparer des journaux, et que les ministres leur ont fait l'honneur de les craindre. Je peux vous assurer, en outre, que n'étant d'aucune coterie, je n'ai cédé ni aux influences, ni aux préventions ; j'ai été quelquefois juste, mais jamais méchant. La profession de journaliste n'exige qu'un peu d'esprit naturel, et cette médiocre instruction, qui s'acquiert par des lectures superficielles, c'est bien peu de chose ; cependant plusieurs personnes s'en mêlent, sans posséder même ces légères qualités ; d'autres sont au-dessus de leur métier, et je n'ai pas perdu l'occasion de leur rendre justice ; tous ont chaque jour dans leurs feuilles, la facilité de médire de leur prochain, et ils en usent largement ; ils ne trouveront pas mauvais, j'espère, qu'une fois dans la vie, on se donne, à son tour, cette innocente récréation.

J'ai l'honneur, etc.

P. S. On annonce, pour paraître incessamment, des *Archives Politiques, Philosophiques et Littéraires.* Nous verrons...

De l'Imprimerie de C. - F. PATRIS, rue de la Colombe, n° 4, quai de la Cité.